MONTBLANC EN SOMBRA Y PIEDRA

Rosa Lentini

COLECCIÓN
LIBROS DE LA HOSPITALIDAD

MONTBLANC EN SOMBRA Y PIEDRA

© Rosa Lentini Chao
© Ilustración de portada y contraportada:
  David Gómez Cardenete
© Corrección ortotipográfica: Isabel Caballero
© de esta edición: Olé Libros, 2024

Colección dirigida por Viktor Gómez «Valentinos»

ISBN: 978-84-10053-48-9
Depósito legal: V-2829-2024
Impreso en España

KALOSINI, S. L.
Grupo editorial olélibros
equipo@olelibros.com
www.olelibros.com

© Lucía Donadío

A Ricardo, con quien compartí una vida en ese suelo.

A los que se fueron.
A los que siguen allí.

NOTA

TODO PAISAJE ES UNA FUTURA PÉRDIDA

Existe un lugar imaginario llamado Llareggub, la ciudad costera del país de Gales, donde Dylan Thomas situó la acción de su poema radiofónico *Bajo el bosque lácteo*.

Montblanc no es Llareggub, y tampoco es imaginaria. Pero desde el mismo instante en que, convencida por mi compañero de andanzas, quise instalar mi residencia en la capital de la Conca de Barberá, cuya esencia, singularidad y espíritu deseé plasmar en un libro desde el primer día, Montblanc empezó a parecerse a Llareggub.

Decidida a llevar a cabo el proyecto de colocar a una pequeña comunidad bajo el foco poético, podría haberlo intentado partiendo de la misma estructura del poema de Thomas, con una voz omnisciente y otras voces (ficticias o no), que representaran a sus habitantes y su idiosincrasia, pero no hubiera podido hacer prevalecer la especificidad del lugar con una formulación más personal, que no fuera un simple calco de la obra del poeta galés. De entrada, pensaba en un esquema menos complejo, que me permitiera dividir el libro en simples capítulos temáticos. Ahora bien, para plasmar tal obra, para dotarla de entidad y verdad, debía conocer no solo sus escenarios, sino también a sus gentes, así como los principales hitos del pasado, por más que para ello tuviera que tardar meses e incluso años.

En ese sentido, la experiencia de los treinta años que pasamos en Montblanc fue representativa y suficiente. Treinta años viviendo en una comunidad marcada por la ausencia del mar y la brisa costeras, tan importantes para una mediterránea —y únicas alternativas conocidas para una criatura de ciudad, nacida y criada en la Diagonal de Barcelona, sustituidas ahora por el viento frío del norte y la humedad de las montañas—, con el resultado final, la verdad sea dicha, de una integración que nunca llegó a consumarse.

Porque no tuve en cuenta, a principios de los noventa, el hecho de que yo escribía, y sigo escribiendo, en una lengua que no tardaría, a lo largo de esos años, en convertirse en extranjera y por tanto ajena a lo propio de la zona, a lo intrínseco de la comunidad montblanquina que, encerrada en sus murallas, creía preservarse con el rechazo de lo que provenía del exterior y en concreto de la lengua castellana.

El resultado final es que, como nadie puede vivir seis lustros en un lugar distinto del originario sin llegar a amarlo y aprender las costumbres de los lugareños, este libro es, en definitiva, una forma de apropiarme de Montblanc sentimentalmente como paso previo a un acto de desprendimiento —sea liberación o catarsis— mediante la palabra poética. El libro se empezó a escribir en 2014 y, de algún modo, sus páginas lo resumen todo: la llegada, el viento que continuamente azotaba y azota la ciudad, la flora y la fauna, los oficios, los edificios, las figuras más representativas del pasado, desde los primeros hombres hasta la Nialó, que como virgen entronizada vivió siete largos años en una cueva situada cerca de la localidad donde murió, a causa de una epidemia de peste que asoló la zona, y dando lugar, tras su muerte, a una de las leyendas más sobrecogedoras y conmovedoras que pueda guardar una pequeña sociedad.

Este libro es, por tanto, la expresión de un amor en igual medida que la verificación de una pérdida; los sueños y los sentimientos de los habitantes de Montblanc, su memoria y, en fin, la huella de su breve paso por el mundo real y el mundo de la autora, por la vida en general, que se transmuta en algo indefinible, casi imponderable, y que en última instancia no tendrá más justificación que la propia palabra poética...

Enero de 2020-agosto de 2023

... dime tú de tu raza y país: no naciste, seguro,
de la piedra o la encina que cuentan antiguas historias.
LA ODISEA, HOMERO

Si hay un sustituto del amor, se llama memoria.
JOSEPH BRODSKY

1

EL OLOR

El penetrante y ácido aroma de vinagre se expandía desde un portal abierto en el silencio insípido de una fría tarde de domingo. Entramos. En un oscuro umbral, una familia trabajaba como cualquier día. Asombrados ante la inesperada invasión, sus rostros se detuvieron como en una imagen congelada en el tiempo. Vislumbramos la primera cuba, la primera viga, el primer arco...

Podríamos haber pasado por la carretera y no ver a lo lejos sino un vago monolito sin interés. Pero al detenernos, abrimos la brecha de un instante, una puerta por la que, ignorándolo entonces, cambiamos nuestro futuro, ingresando a una nueva cronología y, a través de ella, al olor del lugar, el aroma embriagando completamente el cerebro.

Los lugares pueden olerse.

Para reconocernos unos a otros y sabernos pertenecientes a una villa o a una comarca, a una toponimia concreta, nos especiamos con el tiempo, como si nuestra identidad fuese un mapa de aromas. Este municipio huele a espliego, aquel a hulla y aquel otro a tierra húmeda, y ese de más allá, cercano a la costa, a yodo, donde la tierra caliente del día eleva un leve aire templado y deja entrar el más frío del mar, que a su vez mantiene de noche el calor, dando paso, de madrugada, al frío viento terral que ayuda al paso de las barcas.

Con los años el primer olor se diluye, pero alguien toma un día la iniciativa de mezclar pino y lavanda; unas gotas de romero o de anís en los cajones de una memoria en la que, cada otoño, los estigmas de la rosa de azafrán devuelven una fugaz fragancia picante, mezcla de naranja amarga y madera noble.

En las villas de la montaña, convocado a última hora, el áspero viento desnuda las calles de toda presencia humana, salvo en los efluvios a col y a carne asada que se filtran desde ventanas entornadas. El centro medieval tiende siluetas de casas vacías que, apoyadas en sus contrafuertes, acarician la ilusión de ser hogares, mientras que al sur se abre un barrio moderno que no aumenta la densidad de una población desplazada a las afueras.

Sobre una falsa imagen de tiempo detenido, la humedad fermenta con paciencia en los bajos de los accesos, hinchando y erosionando los muros de piedra. Pero los espacios interiores, amplias y luminosas carpas sin ventanas laterales, iluminan pequeños mundos que bullen de una secreta actividad.

Un poco más lejos, en un invierno que atrae los sueños con su imán, quebradizos juncos de río y tocones cuarteados que una vez se atrevieron a verdear salpican un agreste paisaje de brezos, pinos y encinas heladas. El cortante aliento del *serè* impulsa las nubes que, replegadas ante el inesperado anillo del sol, dejan asomar hileras de cepas cuyos dedos sarmentosos surgen vulnerables de la tierra intentando agarrar el aire.

En la tintura cárdena del atardecer, en un cielo tan nítido como electrizado, un vuelo captura el último hilo de una luz que apuntala aún las paredes. El viejo vínculo de la vida parece a punto de apagarse cuando las tímidas farolas tardan en prender, y a nuestros pies las sombras se deshilvanan lentamente hasta desdibujarse.

El tiempo se amplía.

Se diría que, más leves, nuestras figuras iluminan el pasillo de la noche, aprenden a orientarse, proyectándose en el laberinto de la ciudad, todavía dispersas e indefinidas, derramadas en la oscuridad como visiones.

Somos solo el sonido o el olor que persiste tras las ausencias y engendra historias que brotan de las piedras impregnando la piel de los vivos. No solo el cuerpo, también la mirada engendra.

Y somos también puertas hacia un anhelo reconstruido, hacia un sonido tan contrastado como el ruido sibilante de la serpiente que se esconde en la maleza.

Porque lo que estuvo antes también nos forma, así sea el pasado atrapado en el barranco de la Vall, con su inaprensible peso de espora. Una toma desde el aire no capta todo el duelo del paisaje, únicamente el silencio de los bancales abandonados, donde la mano del hombre, dejada a la intemperie, intenta volver al punto en el que todo estaba por crear.

Esto es lo que buscas: una forma de ver el mundo antes de crecer.

Recuerda: el ojo no es indiferente. Y no solo el cuerpo, también la mirada engendra.

Mira ahora ese río, esas calles, esa luz...

2

LA LLEGADA

Toda esa lejanía encubría nuestra ingravidez de espectadores.

Tenemos peso ahora, como las cordilleras entre las que yace el gigante dormido, pespunteadas al oriente por aspas eólicas que zumban sin despertarlo, y que tampoco oímos, o como el gran reptil enroscado en que se convierte la muralla al circundar la villa.

De vez en cuando, entre almenas que ocultan un paso de ronda, aspilleras y saeteras se abren en una torre vigía que parece defender la quietud de la ciudad inmersa en un hieratismo de roca.

Su gesto allí, detenido en la piedra, como si Gorgona la hubiera mirado, inmovilizándola para siempre...

En correspondencia con los puntos cardinales, soportadas a su vez por modillones, las puertas móviles de cuatro portales en madera controlan el paso de los habitantes.

Y en uno de ellos, el de Sant Jordi, un erudito escritor ubicó el origen de la leyenda.

Tras un arco sostenido entre muros en la estrecha calle de los judíos, el barrio del Call nos recuerda que la comunidad mantenía sus propios gremios y comercios, con su estructura de gobierno y su tributo real, hasta que los otorgamientos reales de exención en la tasa de carne y una licencia de uso de la túnica talar para vestirse, junto al acotamiento de la judería formado, además de por las casas, por varias sinagogas, matadero y horno propios, baños exclusivos e incluso un cementerio cercano al río Anguera, despertaron un odio hacia su raza, aumentado bajo la peste negra de mediados del siglo XIV. La principal sinagoga, centro cultural y lugar para los rezos, alegando que había sido construida sin permiso oficial, fue derribada. Desgajados del casco urbano, los judíos pasaron a ser vecinos venidos a menos. Solo mucho después, una vez expulsados del país tras el decreto real, el Call se unió de nuevo a la ciudad, como si ya hubiese sido purificado.

... y las piedras de la sinagoga destruida fueron usadas como base de una nueva construcción cristiana, situada en un otero: el monasterio de la Mare de Déu de la Serra.

En el centro de la ciudad, el trazado curvilíneo permitía apostarse en el recorrido y sorprender al invasor. Calles que se vacían o se llenan cuando el viento del noroeste canta episodios de reyes y Cortes Generales; o en las que, al llegar la primavera, los vecinos travestidos de comerciantes, de soldados o de nobles medievales, representan escenas del pasado, tal como ellos las imaginan, en estampas en las que coexisten relojes digitales con espadas medievales. La ciudad bulle entonces rendida a una historia falsa que el latido de los seres vivos hace verdadera; voces de antiguo vasallaje resucitan en el teatro del instante, entre chasquidos estereofónicos, en una nueva forma de viajar y de flotar en el tiempo.

Toda ciudad tiene un nombre perdido y en el primer enclave, olvidado a los pies de las montañas de Prades, entre las pizarras paleozoicas del barranco de la Vall y los sedimentos de períodos terciarios, se borraron las huellas de las primeras casas de estructura radial en el cruce del Francolí y el Anguera; ríos en cuyos meandros de escaso caudal se asoman hoy asustadizas pollas de agua que anidan entre las cañas, lanzando avisos de peligro ante la presencia de intrusos.

Dos nombres desfilan en su historia: el primero, el de una población salvada de impuestos, Vilasalva, y el segundo, el actual, el de un monte blanco, brillante, poco fértil, desprovisto de árboles. El segundo enclave fue elegido sobre un cerro, en el asentamiento de un antiguo poblado íbero, para que permitiera construir una fortificación.

Nombres que cruzan con nosotros el puente de origen romano, reconstruido desde el medievo en sucesivas ocasiones sobre uno de cinco ojos, y cuyas dos torres con sus respectivas entradas, coronadas por esculturas, se demolieron. En una de las últimas reconstrucciones se encajaron fragmentos de esas figuras y escudos de forma aleatoria, y otros que procedían, probablemente, de la fachada de la iglesia de Santa María la Mayor, destruida en la guerra del francés, cuando fue usada como fortaleza ante el ataque de Palavicino. Las piedras voladas quedaron boca abajo durante cien años y luego fueron recuperadas.

Fragmentos esculpidos del escudo de la villa, el de Cataluña con un collado blanco y una flor de lis, torsos sin cabeza ni pies, hojas y estambres, miran hoy desde el puente, en una composición distorsionada, a este y oeste, como un saludo o una despedida bajo la luz ajena e inmutable del sol,

... y un par de losas de piedra excavadas señalan hoy las bases de aquellas dos torres de peaje, como si lo eterno quedara siempre en el subsuelo.

Paseábamos sin recuerdos hace seis lustros. Y, ahora, qué lúcida y colmada de razón parece la mirada que volvemos hacia el pasado, en busca del momento en que, queriendo fijar en Montblanc nuestra residencia, rodeamos la muralla reconstruida a trechos, ocultada por las casas adosadas, derruida en algunos tramos por las lluvias, el olvido o la indiferencia... Ignorábamos todas las leyes secretas de las familias de la zona, y, también, que contar la historia que buscábamos nos exigiría una vida entera; pues amar a los habitantes implica verlos marchitarse, dado que el crisol de las palabras aún no dichas solo se enciende bajo el soplo de la muerte, fijando de forma definitiva el recuerdo.

Palabras que dicen más ahora, transparentes como los yesos gigantes de las catedrales de cristal de Naica, al norte de México.

Inmensas vigas cuyo grosor transparente aumenta en la eternidad, pero solo el grueso de un cabello por siglo...

3

EL SONIDO

Conocemos la resistencia de la calcita y de la piedra calcárea, a pesar de su erosión, y observamos como una luz ilumina el pasado, encontrando un sonido que el tiempo depura hasta llegar al oído que lo escucha.

Fue un mudo redoble de tambores el primer aviso a nuestra llegada, una llamada de la villa, deseosa de hacerse visible en un frío entorno poblado de colinas y barrancos, para quien quisiera mirarla de forma diferente.

Tras asomarnos al desfiladero de Forés y beber de los caños de las fuentes recuperadas de los bosques y caminos de Prades —la de la Ceba, de l'Escarritx, de la Vall y el Reboll, y más arriba, en plena montaña, las de la Mare de Déu, la Pascuala, la Ginesta—, pisamos antes del atardecer los primeros adoquines.

Tú recitabas versos de Homero con los que reconstruíamos los viajes de Ulises y, con ellos, el de la propia epopeya formándose en el tiempo, puliéndose verso a verso, para traer hasta nosotros un antiguo ideal, el de la *paideia,* ese espejo-antorcha en el que el primer hombre civilizado supo contemplarse, y que fue incorporado —me contabas en nuestros paseos— por los propios padres de la Iglesia.

Una observación que comenzó a llenar de luz el otro mapa, en un compromiso incipiente...

Como al pisar el primer peldaño de una larga escalera, cuando la villa nos fue exhibiendo la iglesia gótica de Santa María, de una sola nave con capillas laterales, reconstruida sobre otra anterior, románica, que orientaba su ábside, hoy inacabado, hacia el poniente, con sus hastiales, las fachadas de sus pies y los laterales del crucero. Sobre la puerta de la entrada, los retablos abiertos del órgano dejan ver angelotes sexuales y pistones sonoros al final de émbolos cilíndricos de varias medidas; los más antiguos y pequeños consiguen revivir una música renacentista de batalla gracias a su sonido atrompetado, desconocido para los feligreses modernos.

En el extremo sur de la calle Mayor, la iglesia no consagrada de los franciscanos, cofradía de pobres y posterior fábrica de alcoholes, se abre a actos y ferias: un artista expone su obra, un recital atrapa a los fieles con su red melódica o un arte popular se expone en vasijas ornamentadas o en cristal soplado mientras los muros parecen abrigar y proteger el arte con mayor respeto y silencio.

Más adelante la plaza de Francesc Castellví i Obando, en cuyo centro nosotros, equivocados, ubicábamos la estatua imaginaria del prohombre catalán, que escribió la mejor crónica de la guerra de 1700-1725 y que, más soñador que visionario, pero de la estirpe de Aguirre, quiso fundar una nueva Barcelona en territorio serbio, junto al Danubio.

A media calle la preciada joya románica de la iglesia de Sant Miquel, la preferida de los novios, ubicación del primer cementerio y espacio de Cortes Generales, y al norte, cerca ya del puente, el monasterio de Santa Magdalena, destinado a hospital de menesterosos en el medievo, en cuyo corazón un pequeño claustro de dos pisos y una capilla permitían que la procesión religiosa de los muertos se parara a honrar a los fallecidos con cantos, hisopos, hachones y faroles mientras relucía la cruz de hierro portada como estandarte. En la barriada externa de la muralla, el hospital acogía a peregrinos que pernoctaban extramuros y retenía a los enfermos preservando a los habitantes de contagios.

Hace algunas décadas, después de ser escuela y almacén y antes de su restauración, un vacío hospital alojó entre sus ruinas, como un reducido pesebre, a una pordiosera llamada María y a su perro, hasta que un día la mujer desapareció y fue encontrada muerta. Meses después un transeúnte oyó el rasguñar de una pata en el portalón de entrada, como un fantasma del amor que se negara a marcharse.

Al principio, oíamos con indiferencia estas historias, atentos solo al tono rojizo de las piedras o al sepia de las fotografías de las primeras casas señoriales, sus más antiguas localizaciones. La casa Desclergue, en el centro de la plaza, apuntalada por arcos de medio punto; o el Palau Reial, donde pernoctaban los monarcas de la Corona catalanoaragonesa cuando iban camino de Lérida —por la calzada romana que enlazaba Ilerda con Tarraco—, y no muy lejos las casas Aguiló y Alenyá, la última en pleno barrio judío, construcciones con medio punto y planta baja con arcadas, que hoy albergan museos, exposiciones y entidades oficiales de la comarca... Y nosotros descansábamos mirándolo todo, resguardándonos del mestral bajo los porches de la plaza Mayor.

El tiempo precisa de detalles y, aunque miremos cómo las ciudades crecen durante siglos en su hechizo, en las fachadas inmutables se produce un salto evolutivo que se interrumpe dejándonos suspendidos en medio de su luz...

Y solo mucho tiempo después podemos descubrir en esa imagen congelada, en quiénes o en qué se han convertido aquellos que éramos cuando llegamos.

4

EL VIENTO

«¿Sois hombres sin alma? ¿Mujeres a las que la roca ofreció su forma?».

...pregunta el viento que, cada año, ladea un poco más las chimeneas de las fábricas, desgasta el mortero que une los ladrillos y torna porosos los bloques de la iglesia de Santa María la Mayor, en cuya construcción se emplearon sillares tallados en piedra extraída de canteras cercanas en los que artesanos dejaron sus enigmáticas firmas. Son figuras casi siempre geométricas: cruces o trazos escalonados, pirámides invertidas o simples ángulos agudos, rombos gemelos, cruces irregulares, espigas o círculos traspasados por diagonales que, como signos de un extraño alfabeto, permitieron a los obreros talladores rubricar su trabajo y recibir la paga correspondiente.

En el cielo, las nubes movidas por los cuatro vientos —el *serè* y la *marinada* de las primeras horas y el *vent de dalt* y el *garbí* de la tarde, que prolongan sus fuertes rachas durante semanas— son empujadas tan rápido que en las estancias la luz ilumina o envuelve los objetos en la sombra a velocidades tan inesperadas que el ojo se adapta con dificultad.

Pero hay quien llega a subir al Pla de Santa Bárbara, el punto más elevado de la villa, para sentir el *garbí* del sudoeste e incluso el *seré* del noroeste azotando su rostro.

La muralla protege las casas del pueblo de las sacudidas del cierzo con tanta eficacia como anteriormente las salvaguardaba de los invasores; y hoy es una cámara cerrada donde la serpiente nocturna olfatea con su lengua el reino de los durmientes mientras insufla deseos a las vidas confinadas, cuyos sueños se organizan sobre truncadas memorias o incumplidos anhelos. O mientras allá, al final de la calle que lleva a las escaleras de la iglesia, el plebano, la más alta autoridad religiosa del lugar, escucha el canto estridente del primer gallo en la madrugada y, poco después, el llanto de bebé que anuncia el nuevo día...

Al final de la primavera, en los aleros de los tejados de las fachadas que amarillean con el incipiente sol de la mañana, nidos vacíos de golondrinas esperan en formación como pequeñas cuadrigas que avizoran, con un día de calor, los dardos reverberantes con que, un poco más tarde, los agobiará el aire. Esa laboriosa y bullente colmena de seres, con su frágil y reciente piel de arena y arcilla, resume en los aleros de las casas la propia persistencia de las moradas humanas que, nacidas de otras anteriores, les dan cobijo en una sucesión silenciosa donde solo los viejos perciben un orden en el proceso.

El desorden y la confusión quedan para los jóvenes, mientras que nosotros, como todos los que se disponen a partir, nos llevaremos, como insomnes a los que vence el sueño, el secreto...

... Un secreto incunable que solo nos pertenece a nosotros...

5
LOS SUEÑOS

El día nos deja siempre algo inacabado, la noche algo para salvarlo...

¿Sabemos para qué estamos aquí? ¿Para vernos reflejados en los durmientes que, a merced de la intemperie, incuban su sueño de estaciones abandonadas? Porque al soñar arrullados por el silbato del tren, los lugareños olvidan su conciencia y, sin saberlo, viajan hasta la memoria más antigua de los ancestros. Suben sonámbulos y cansinos la empinada cuesta que lleva al Pla de Santa Bárbara y desde allí contemplan en las montañas la silueta del gigante dormido que, desmesurado y lejano, muestra su vulnerabilidad de tanto exponerse a la mirada, pero que a ellos, desde su imaginada omnipresencia, los reconforta en la ilusión de vivir despiertos.

Cuando las nubes pasan, acariciando con su sombra las murallas, la memoria se vacía, el verbo se ausenta, y en ese trance de desposesión los hombres aprenden a nombrar lo nuevo alzando sus brazos al cielo.

Y el tiempo del ensueño los traslada al tiempo anterior a la creación ... anterior al de las vísperas, que la anuncian y celebran, cuando desde el claustro de su convento se eleva el «Dios te salve...» de las clarisas, murmurado más que cantado, como solo ellas saben hacerlo, discretas ánimas uniformadas que viven en la esperanza de un juicio final...

Y nosotros, con la palabra, velamos tanto un tiempo como el exilio de los humanos...

Por eso la maestra se ve sentada en la tarima de su sueño como en un trono, contemplando los ojos de los adolescentes que conoce o que recuerda de sus clases pasadas, ojos de jóvenes soñadores, aturdidos durante el día y ahora llenos de energía y tan atentos a lo que su profesora y guía les explica. La falta de estímulos y los enfrentamientos quedaron atrás, como si sus palabras fueran por fin una forma de viajar o la última, precisa memoria de alguien que las espera, palabras que fluyen de su boca en forma de flores, y esa es la imagen que ella guardaría para siempre...

El clérigo busca mantener su entusiasmo misionero por encima de la rutina y trata de recordar a los afligidos que, en otras partes del mundo, suspiraron de alivio cuando él les ofreció la extremaunción, con sus ojos hinchados de lágrimas, o bien agradecidos e ingenuamente abiertos al ser confirmados, como si él fuera a legarles un nuevo mundo, «... porque todos vamos al mismo lugar —piensa— y todos volvemos del mismo sacramento...». Pero también se inmiscuyen en su ilusión nocturna las palabras de aquellas cabezas aparentemente compungidas en misa, de las que él es el único en conocer cada uno de sus secretos...

Y el herrero, inmerso en su fantasía, se ve modelando un sant Jordi que le permitirá olvidar sus frustraciones. Un coloso rebosante de patriotismo, que ensarte con su espada a una inmensa fiera abatida allí, en el centro mismo de la villa, como una llamarada saliendo del suelo, una figura altiva que, con la cola de su caballo, como si fuera la de un cometa, ilumine la amplia plaza de Sant Francesc y obnubile a los vecinos y a los paseantes solitarios.

Solo el panadero baja ya a encender el horno, con el plebano despertado a la primera luz como único testigo. Cada noche idea el pan de cada día, variando el tiempo de cocido para hacerlo más apetitoso, pero retirándolo a tiempo para no llegar a quemarlo. En contraste con el copero del antiguo rey de Egipto soñando que tiene delante de sí una vid, el panadero ve crecer su trabajo, no sin antes probar su producto a diario antes de venderlo. Una obra delicada y efímera que necesita el reconocimiento periódico de sus vecinos.

La soltera esculpe rasgos distintos en un amante sin rostro, al que no consigue identificar ni por la apariencia ni por el comportamiento, pero son rasgos invariablemente firmes, en los que poder apoyar su corazón, y a la vez aniñados, para que conmuevan su maternidad intacta, un rostro del que, al doblarse sobre el suyo, comprueba su piel tan blanca que parece de plata, frágil como su confianza de ser mujer.

El casado imagina de noche a sus camaradas de juerga, el partido del domingo, deseando huir con ellos del encierro de su vida adulta mientras sus recuerdos, episódicos pero siempre alegres, le devuelven, emocionado, a una juventud irresponsable que dice sí, dice sí, con solo desearla. «Creen que es fácil», intenta convencerse en sueños, pero su pensamiento se apaga sin llegar a la tierra...

La casada teme en todo momento algo que no logra concretar, se ve a sí misma como en un espejo difuso, y se consuela como puede de día con amigas, yendo y viniendo por el pueblo, quedando para tomar un batido en la pastelería, asistiendo al último entierro o parándose en las esquinas para comentar las últimas noticias en un lugar donde nunca ocurre nada extraordinario que no tenga que ver con un imposible camino de baldosas amarillas...

... a veces sincroniza su voz con otras, y el canto coral le ofrece una sensación de apoyo y amistad que contrarresta su ansiedad.

Y la que se siente sola y añora a la última extranjera, aquella viuda que partió y de la que aún se espera la ceremonia de su funeral, habla con Antonia y las hermanas vendedoras de flores, Rosa y Josefina, de temperamento alegre, al contrario de la que vive de sus lamentaciones, ignorante de que la tristeza se puede desdoblar y planchar, y luego dejar olvidada en el armario.

O el viudo que ahora sabe de la mortalidad de su amada por su sueño, un espacio por el que se siente caer como un cuerpo vivo y a la vez como espectador de su caída infinita; hasta esa noche él solo la había extraviado sin perderla, como si ella hubiera ido por unos días a casa de su madre tras una larga discusión entre el matrimonio y luego regresara, intacta, tranquila, pero también mucho más resignada.

La primera autoridad sueña con atrapar en una de las torres a un genio que abra la ciudad enmudecida a un escriba local, a un pintor de cielos y montañas o a un invitado ilustre, y que redacte en la lengua hoy predilecta lo que las piedras apenas le musitan en un idioma que aún se desconoce...

El poder ensoñador del joven concentra su incapacidad de resistencia en su casa, pues sus planes de futuro siempre siempre apuntan fuera de la muralla, mientras que su vecina descansa pensando que en esa tierra estrecha y sin sorpresas todo permanecerá como ella lo conoce, inmaduro, inseparable y eterno.

Cada uno juega con su historia como, cada domingo, en los parques de las grandes ciudades, lo hacen los niños con sus barcos de juguete.

Al final de la noche una mirada inasible se eleva, sola, gracias a una incipiente reverberación del calor y, cuando todos aún duermen, supervisa desde la torre de la iglesia los tejados bajo los que los sueños de vida se arrullan a sí mismos en otras vidas. Pero toda mirada que escudriña al otro es pretenciosa, porque, si desde el ensueño sin el peso de la materia que es el dormir, la esperanza y la angustia se cierran sobre sí mismas hasta no quedar más que una calma o una gran desazón, vive también lo que una efímera flor del día, atrapada con la rapidez con que se atrapa una libélula.

Captura tu sueño, pues si la luz en él fuera más fuerte o más oscura no podrías darle el nombre de tu país; captúralo, como si solo tú plantaras en él tu bandera, una bandera inmaterial y de todos, porque a la tierra natal se regresa sin engaños, pleno de anhelos y de postergaciones.

Y porque si pudiéramos visualizar todos esos deseos, los veríamos levitar sobre la muralla y perderse en el viento, por decenas, por centenas, por millares, ascendiendo sobre cada noche de luna llena.

Todos esos detalles en tu cabeza...

... y, bajo la frente, el cerebro que se engaña creyéndolos sobrevivir.

6

LA NIALÓ

Cuántas veces mantenemos viva una posibilidad.

Tú y yo hubiéramos ocupado el cuerpo de señores en otra vida: yo colgaría de tu brazo y luego nos sentaríamos en un banco de piedra de un jardín privado, como el de las Senyorites, donde un cenador, detrás de nosotros, tupidamente cubierto de enredaderas, formaría un pasillo en arco, al final del cual manaría un surtidor sobre un estanque con peces rojos y dorados. Nuestros testigos serían los mismos árboles frutales, los plátanos, hiedras, rosales trepadores, madreselvas, macizos de flores, dalias, geranios, crisantemos y un fondo de espejos esféricos de diversos colores. Tú, soñándote soldado, dejarías la espada descansar en tu muslo cuando me besaras antes de despedirte y partir a la guerra; imágenes posibles que nos habrían permitido inventarnos a nosotros mismos, pero los dos hemos dejado de ser paradójicos al asumir nuestra memoria.

Y acaso hay más parecidos con aquellas lejanas mujeres que con nuestras madres. Desde su orgullo de princesa destronada debió mirar así Elionor d'Urgell el mundo que la espiaba, por ser la hermana mayor de Jaume d'Urgell, legítimo rey de la dinastía real de la Corona de Aragón, cuyos primogénitos habían ocupado el trono desde que Martí l'Humà sucediera a Pere IV; así, usurpado de su trono y hecho prisionero en la torre de Valencia, Jaume d´Urgell murió poco después envenenado por sus carceleros.

Elionor, la Nialó, su heredera, aunque menos solitaria que su hermana gala, Genoveva de Brabante, y nunca redimida como esta, se desterró con dos compañeras y dos criadas a una cueva en el bosque, cerca de la ermita rupestre de Sant Joan, a la muerte de su cuñada.

Eligió la libertad de la caverna frente al control del convento de monjas en Lérida, lanzando su propio órdago a los usurpadores.

Con una panorámica sobre la villa ducal, su estadía fue la protesta de su destierro, y el eco desde allí escuchado, el amor, la nostalgia de la pérdida, la llamada del pasado que crecía.

¿Por qué una cueva con su gran entrada
          sin regreso, sin fuego, y
                    toda la humedad de la noche?

¿Qué haremos mis doncellas y yo sino
          tragar la memoria y la nostalgia del día?

A lo lejos quedó el estrépito del castillo,
     la sangre, las intrigas
               de algunas monjas y de sus señores,
                         que nosotras miramos a distancia,
          con pupilas de animales,
                    cautivadas por el verde de los montes

Antes durmió aquí un oso, un ermitaño, una
                    cabra montés,
     ... es difícil moverse en la cueva...

¿Para qué salir? ¿Dirigir nuestras pupilas adónde
     si el ocio ocupa todo el tiempo hasta la hora
               de la confesión ante el párroco,
          cuando retomamos la inocencia
                    y evitamos la vida?

Mis primas y yo enlazadas por la cintura
como un ramo de rosas cada tarde
soñamos que nadie es joven
y el amor pariente de la lágrima

Para septiembre el olor de las higueras,
uvas exprimidas y almendras abiertas,
pero estamos en invierno, la nieve
empieza a caer y aun teniendo la piedra
como punto de apoyo
será difícil moverse en la cueva...

«En ninguna parte como en la casa del padre —parece decirnos—:
mi cuerpo en una cueva, mi mano en las manos reales de mi padre y
de mi hermano, el lazo que me ata al lugar del que surgí». Y la gruta
dejó de ser una prisión para volverse el lugar seguro donde llorar fue
empezar a quererse. Bajo un cielo que la absolvía, su abstinencia y
vida penitente propiciaron su fama de santa, y como virgen entroni-
zada murió en la epidemia de peste que asoló la provincia siete siglos
después que su antecesora francesa.

El anhelo, el orgullo no son transitorios, se heredan, no son esco-
llos, sino condicionantes, son leyes genéticas como la noche que ya
se pliega con urgencia sobre nosotros, obligándonos a forzar la vista
en la escasa luz de nuestro tiempo mientras, casi ciegos, palpamos las
paredes en busca de nuevas huellas...

La indiferencia solo es un estatus del descuido...

7

LA PIEDRA

Pese a no escapar de los seres que perdimos y de lo que perdimos en ellos, la quietud de las piedras ya iluminadas nos habla de una obstinada resistencia que se impone al tiempo y al devenir.

Algo parecido a la paz de lo que no existe tienen estas piedras. Nos confortan como cuando abrazamos un árbol centenario. La piedra nos legitima en la vastedad de un tiempo que los humanos no conocimos, un tiempo que ella ha traspasado. Su perseverancia despierta algo sagrado que nos remite a la fidelidad, a la constancia hacia aquello que se mantiene firme en nosotros.

Porque necesitamos de las piedras que parecen inmutables, de su fortaleza tanto como de su inmunidad. Y porque nos ofrecen voces en las que nuestra imaginación se inspira y comienza a contar relatos. En este tiempo dilatado de quietudes y fantasías, la piedra nos habla de la procedencia. Historias de linajes y batallas, de familias y secretos, de usurpaciones y ofensas componen una música silenciosa con la que nuestros cuerpos vuelven a tener sentido.

Cuántas veces nos llama lo insondable, un terreno al principio tan impenetrable y pantanoso como flexible y nuestro una vez conocido.

Y a esa cronología que anida en los poros calcáreos la acompañan palabras como *sublimación, honor, inocencia, ardor, duelo, rencor, entrega* y, sobre todas ellas, el silencio las unifica en una sola armonía. Porque el tiempo murmura un rezo impreciso que no escuchamos por estar atrapado en el interior de la roca, un credo que sigue una trayectoria sin forma ni voz.

Mirar hacia atrás es mirar hacia adentro.

Pero es de noche; esperamos que los peatones desaparezcan para sentir la eternidad, la raíz de la que formamos parte; entre la ilusión de las farolas de hierro con su potente foco amarilleando los muros, el pasado en su forma monumental pugna por hablarnos de una vida más sencilla y las calles se transforman de repente en un escenario sin época, pero con vida detrás, en el que podría aparecer de pronto gente de otro siglo para dinamizarlo, sin que a nadie le pareciera extraño.

Con la devoción y el respeto de descendientes, apegados al lugar y sin hijos sobre los que regresar subidos a horcajadas a una patria ancestral —como el viejo Anquises salió de Troya sobre las espaldas de su hijo Eneas—, la estampa que hoy escogemos se convierte en un destino no elegido ni deseado, mientras que atrás quedan como herencia el ruido y el fuego que todo lo destruye.

La muerte se ha llevado nuestro mundo y, aunque la piedra no nos devuelva su presencia, absorbe como una esponja estas nuevas semblanzas de hombres aislados en el laberinto del tiempo.

Y solo cuando aquel mundo de voces conocidas enmudece se anima el silencio encerrado en la caja de costuras, o el del aplicado pincel con el que se logró una perfecta alineación de figuras en un cuadro, o el de los manteles bordados, guardados con cuidado en un cajón de la cómoda de caoba, testigos de numerosas fiestas en familia, o el de la vajilla y la cristalería usadas en las grandes ocasiones, o el de la mecedora de rejilla abombada por el uso y en la que todavía oímos el vaivén de la abuela que desde la ventana vigilaba con temor el reloj de la iglesia...

... el reloj que allá, al otro lado, servía de diapasón a la música de muros de piedra, muros fortificados, muros de recintos de culto, muros de los patios que cercan los campos, muros que cercan muros, muros cargados de humedad y de secretos...

Hermética y porosa piedra en la crecía, pequeña y sesgada, nuestra leyenda

... como algo a la vez incondicional y transgredido.

8

FLORA Y FAUNA

Hay un murmullo denso, una melancolía en la música de las ramas de las diecisiete variedades de árboles que se asientan en lo alto de la Pena. Las hojas sacudidas siguen el compás de una danza sigilosa que invita a los sentidos a trasladarse hasta una tierra ventosa y seca que sus nubes anuncian al levante.

Un racheado, casi salvaje, viento del noroeste zarandea los árboles mientras estos descubren su inútil gestualidad arqueológica: los majestuosos pinos se comban, tiemblan los chopos con un leve agitar de sonajas, los lánguidos sauces se liberan; las agujas perennes y punzantes de los cedros adoptan un sonido metálico mientras tintinean las de los abedules; irradian su almizcle los olorosos tilos y los sexuados pistacheros de los campos se fertilizan; los interminables pararrayos de los cipreses que asaeteaban el cielo ahora parecen barrerlo y los álamos con la tela blanca de su envés acarician el aire, lo abrazan los generosos plátanos, y cuando se esparce la fragancia golosa de las higueras los dolientes olivos libran su batalla, las frescas encinas bambolean, los sabios arces ululan y, después de tres días todos cambian de susurro, serenados al amainar el *mestral*, vuelven a ser las sombras de los chicos buenos de siempre, sosegados y obedientes.

El nuevo y ancestral silencio podría llevar el mismo sello que el de los pinos de Huon en Tasmania, los árboles más antiguos del mundo, flotando lejanos y más longevos que las secuoyas, renacen de su raíz al caer, arraigando en el suelo para crecer de nuevo.

Ribeteado por chopos y ulmáceas, caudaloso e incluso desbordado en invierno, pero adelgazado en el calor del verano, el río Francolí es entonces casi un hilillo de aguas medio estancadas, donde al ponerse la tarde nadan como sombras fantasmales carpas que emigrantes pobres intentan pescar furtivamente mientras gordas ratas corren a esconderse entre las altas hierbas de la orilla.

En el olor diseminado de los orines los animales de paso marcaron su territorio dejando allí su identidad, lo más frágil de sí mismos.

Y en el estrecho caudal del Anguera, circunvalado por algunas carpas y patos que se ocultan entre los tupidos cañaverales, se oxidan un par de carros de la compra lanzados al río por aburridos muchachos durante un fin de semana. La corriente, estrecha como una raquítica línea de la vida que busca fluir todavía entre juncos enmarañados, atiende únicamente a su ausencia, a su pasado anegado.

A lado y lado de ambos ríos picotean los campos labrados una pareja de urracas mientras jóvenes vencejos sobrevuelan los cuadrantes anidando cerca de las tomateras, y dos halcones cazan gazapos y ratones que intentan ocultarse entre los matorrales, pero cuyas menudas bolas de excrementos delatan su recorrido.

Tras el verano, desde un cedazo tupido por el follaje se oye la rapsodia del solitario jabalí macho en la montaña levantando el hocico para reconocer el olor de las trufas maduras, entre el ulular tardío de las lechuzas, el canto de las cigarras, las carreras de los lagartos y el zumbido de los insectos.

Menguando imparable como la propia vida, la escasa fauna parece que debiera ser tocada con guantes. En un radio de unas decenas de kilómetros contamos un águila, un gavilán, una garza, dos pares de urracas, una docena de jabalíes, palomas, tórtolas y murciélagos cada vez más aislados, abubillas y lavanderas boyeras casi inexistentes, el pico picapinos acaso perdido para siempre. Grillos y ranas de los que ya apenas se oye el acompasado sonido de atardecida.

Si no supiéramos de números, solo sentiríamos el desasosiego.

Pero bien entrada la noche un sonido en escala acumula los cantos olvidados, un pájaro orquesta imitador de todos los demás cantos, el mirlo roquero solitario espera el silencio de las otras aves para hacerse oír.

Sobrevuelan más intensos los sones de animales domésticos. De madrugada, encerrado en un garaje, un gallo vecinal canta a deshora y calla solo cuando el hilo de luz del mediodía bajo el viejo portón de madera penetra hasta el fondo de la cochera reconvertida en granja. Al pasar por delante la pestilencia que sale de debajo de la ranura es casi insoportable.

Los gatos con su untuoso olor se apiñan con ojos legañosos y sarna en la piel en los patios vacíos mientras un hombre encorvado les deja en los rincones agua y pienso.

Sobre nuestras cabezas, el celoso ritual de las golondrinas al alimentarse o al ultimar los nidos con arcilla endurecida de saliva nos devuelve, con el sonido de sus gorjeos, a los niños que murieron en nosotros para dejar paso a los adultos insensibles a las migraciones de hombres y aves.

Como turistas de curiosidad infinita, se resisten a la tentación de la inmovilidad para reaprenderse en otros cielos. Y nosotros, como ellas, migramos y fluimos al llegar hasta aquí, desmantelamos el aire un instante con nuestro chillido y enseguida colgamos de las paredes con las patas inhábiles, tratando de negar nuestra desprotección.

Podríamos haber regresado a la capital como a una nueva orfandad: perros abandonados deambulando alrededor de negros lagos orillados de sal que reflejan la luna, pensando entonces que esa luna es una cabeza que les guía en sentido contrario, mientras vecinos compasivos les ofrecen comida, hasta que un día descubren que los han dejado de ver.

Como las golondrinas, y siguiendo las ruidosas llamadas nupciales de las ranas y las cigarras, nos alejamos para buscar otro paraje, mejor protegido contra el viento y el sol, para empezar a construir, tal vez, nuestro último nido.

Durante veinte años fuimos parte del territorio de nuestros gatos, adoptados por ellos, sus muertes nos dejaron libres para ir o para volver.

Cada verano el vuelo de los murciélagos alrededor de las farolas se reduce, y esa visión desertiza nuestra vida. Sin embargo, como una población cada día más próspera, llevamos la Arcadia de nuestros antepasados con nosotros...

... sus rostros superpuestos en cada nuevo ser que amamos.

9

LOS PRIMEROS HOMBRES

En cada ciclo de vida nos formulamos las mismas preguntas solo para afirmarnos en unas respuestas que conocíamos de antemano.

Y acaso heredamos la aptitud de los más antiguos habitantes de la Conca que, resguardados en sus cuevas y luego enterrados en ellas, cincelaban en piedras de esquisto las siluetas de animales sagrados, de los que solo tenían vagas referencias. En una suerte de arte portátil, llevaban consigo en sus mudanzas la velocidad del caballo, la potencia del bisonte, el brío del toro o la ligereza del ciervo.

Desmenuzaban con las piedras grabadas la cal de huesos de buitre que, mezclada con sulfato de cuarzo, les brindaba un polvo de color básico —rojo, amarillo, ocre o negro según los estados de oxidación del hierro y del manganeso—; luego, diluyendo el polvo en agua, obtenían los pigmentos necesarios para sus pinturas.

Nos lo exponen, grabadas o dibujadas en los abrigos rocosos y escarpes en lo alto de los barrancos situados en las montañas de Prades, las pinturas de los antiguos pobladores de la zona, algunas de ellas, como las del Mas d'en Llort, convivieron durante generaciones, sin que nadie sospechara su origen, con las familias de pastores hasta llegar casi intactas a nuestros días.

Aplicados con borlas, con brochas o directamente con los dedos, los colores apresaban el espíritu del animal, que pasaba del aire a la piedra, donde gracias a la persistencia de los pigmentos sobrevivían igual que piezas de un relato que comenzaba, de una historia gráfica que abre sus alas y echa a volar hacia el horizonte del mito; ahora la velocidad del caballo, la fuerza del bisonte y la ligereza del ciervo fluían tensando sus venas mientras una cristalina, sibilante música de estalagmitas los acogía en el entorno oscuro de la cueva.

El color se vuelve tacto cuando el hombre descubre que el verde es un derivado de la mezcla de amarillo y azul.

Y la mano es firme cuando trata de fijar lo que se pierde.

En un cuadro se traza una línea horizontal que divide cielo y tierra.

Luego surgen del lienzo los colores: verdes, rojos, azules intensos.

Escalas de ocres y amarillos como notas musicales.

Puentes, casas y árboles superpuestos sin proyección, como pintaría un niño de talento descomunal que hubiera empezado su aprendizaje manipulando la primera materia al alcance de su mano.

Formas y colores donde los recuerdos se apiñan, como vidrieras de plomo, uno sobre otro, en una abigarrada secuencia.

Y nosotros, de ese exceso de ficción posible, somos apenas una rueda en llamas, un consuelo, una elegía.

Los muertos extraen de nuestra memoria la fuerza secreta con que sus nombres perviven y florecen en las crónicas... ¿De qué historia nos hablan?

Nos hablan de las paredes de las cuevas, iluminadas por las teas, donde las primeras perchas se trocaban en andamios y las pieles colgadas en habitáculos separados, las primeras estancias privadas, y hablan de que los creadores de bosquejos, junto a las figuras pintadas, formaban el armazón de una fábula en la que una diosa madre, guardiana de la memoria, encarnaba el epicentro de los todos los orígenes...

Luego se articulaban los demás relatos: el del enfrentamiento entre el hombre y el bisonte, manifestación de su idea entre la vida y la muerte. En cada uno el artista escogía el momento y la acción: aquí un hombre atravesado por saetas, allá un bisonte con una lanza clavada en el vientre, más allá el cazador que, lanza en mano, corre tras la cierva... Y, por encima de todos ellos, la infalible trilogía caballo-bóvido-cabra montés, revelada como el modelo estereotipado del mito...

Porque los animales investidos de símbolos son distintos de los animales de cocina, y en un país de conejos sus representaciones escasean en cuevas, en las que se alternan los espacios de penumbra y de luz para el paso de uno a otro mundo. Solo en el solsticio de verano el recinto se transforma, como si un dedo divino llegase a tocar la profundidad de la cueva o reflejase su luz blanca sobre el abrigo rocoso.

Y allí estamos nosotros ante las primeras nociones e inventivas, las primeras abstracciones y cosmovisiones, el primer comportamiento simbólico transmitiendo sus conceptos al cerebro.

Una idea de identidad que va del arte levantino al esquemático, de los carroñeros y cazadores a los agricultores, hasta que las figuraciones tienden hacia la ideografía, los signos ideográficos hacia los signos fonéticos, como una forma de preescritura.

Es fácil imaginarse a una colectividad entera bailando bajo las pinturas, formando parte de la manada que parece flotar en el cielo. La tradición oral fijada en la tradición iconográfica, a la vez un relato sobre el origen y el germen de una religión...

Nuestro ser prehistórico...

Nos deshacemos de los nombres tras deformarlos con el uso, pero la raíz se conserva intacta y describe el pasado, como los pequeños huesos encontrados en las cuevas, que los primeros hombres rompían por percusión para extraerles el tuétano, nos hablan más de un refinamiento o del cuidado de los pequeños, que del hambre de los primeros pobladores. La pátina de los siglos en el gesto de posar la mano sobre la pared de piedra y dibujarla... y así las manos de los adultos se emparejan con las manos de los niños, las agrupaciones de nuestros primeros padres, las primeras pisadas fósiles..., pronombres y números: «Yo, tú... dos, tres, cinco», aún reconocibles tras 8.000 años de lengua común...

Más intenso, más misterioso, el primer dibujo representó una vulva y con ella la primera abstracción humana: «Venimos de ahí». Y evolucionado hacia el sincretismo, una suerte de lenguaje primigenio nos llega con sus primeras frases para decirnos: «Aquí estoy, dispuesto a aparearme».

10

MEMORIA DE LA TIERRA

Estamos hechos de la memoria que el agua de lluvia redefine al rellenar la pisada. Como si una mujer fértil retuviera la luz de nuestra alma y la guardara para el futuro alumbramiento, cuando es más necesaria.

Hay memoria en los campos de trigo, hay memoria en las plantaciones de vid, en los majuelos; en las cepas viejas procedentes de una sola parcela encontramos restos de un sabor a tierra.

Los vinos tranquilos llevan en su composición su cepa de origen, el aroma de la fruta madura, arropado por el aporte de la madera, de las barricas de roble francés en los que son criados, vinos que persisten en la memoria, que trepan hasta ella, imborrables como el cava rosado que fermenta a temperaturas muy bajas para conservar el recuerdo de su fragancia, como un recién nacido se alimenta de la leche de la ubre materna, la fuente que definirá su mundo.

La memoria es una corriente de hojas caídas que el agua transforma y desintegra como si al caminar nuestra vida desatara un proceso a la vez dispersador e integrador, como un cerebro se regenera tras un colapso.

Cuando indagamos en lo que construimos como especie, lo primero que encontramos es lo que está en la superficie: si antes los primitivos dejaron sus rastros en las cuevas, los hombres civilizados, que superaron la primera oralidad, nacieron a la conciencia de sí mismos entre el XVIII y II antes de Cristo, dejándonos los signos que lograron almacenar en los museos y lo que sus manos consignaron en los archivos escritos. Mil años después, surgen los primeros vestigios de un pueblo...

Mucho después, tras tomar conciencia de sí misma, la ciudad busca defenderse de sus enemigos y construye su defensa. Una primera muralla alrededor del castillo en lo alto del Pla, que, al aumentar la población y los huertos, se amplía tras la guerra de sucesión de los dos Pedros, Pedro I, denominado el Cruel, de Castilla y Pedro III, denominado el Ceremonioso, catalán, quien acaba fortificando la ciudad a mediados del siglo XIV. Una muralla que se construye con piedras picadas en las bases de las torres y con moldes de piedrecillas y arcilla prensada y forrada de cal viva para darle resistencia, una técnica de encofrado menos resistente que necesita de mantenimiento. Veintisiete torres cuadradas y una pentagonal y cuatro antiguos portales acordes con los puntos cardinales quedaron acabados para impedir el paso de los franceses que atravesaban Aragón hasta el reino de Castilla. Las torres se coronaban con almenas entre las que encontramos aspilleras, largas y estrechas oberturas para mirar al exterior y lanzar proyectiles sin ser alcanzado desde fuera. Y en algunas, un matacán o plataforma sólida desde la que se lanzaban no solo piedras, sino agua caliente, aceite hirviendo y los proyectiles, y un paso de ronda atravesándolas a todas.

... de torre en torre, como en el juego infantil de la oca.

Por un dibujante de la guerra del francés, reconstruimos las dos torres que a norte y sur señalaban el acceso a la ciudad, derribadas junto a sus dos portales en el siglo XIX para permitir el paso de carruajes.

La muralla, línea de contención en la llamada guerra civil catalana, fue mermada en la *dels Segadors,* tras su voladura en varios lugares, y apenas resultó una pobre defensa en la guerra de Sucesión y en las contiendas carlistas; en la última se reconstruyeron parte de los muros destruidos. Más tarde sirvieron de hogar a los más pobres, que aprovechaban la pared de la torre para abaratar la construcción de sus casas. Y aunque hoy solo es un atractivo turístico, en el espíritu de los montblanquinos todavía pervive el deseo de cerrar todos los pasos de entrada, cuando lo que creen una amenaza (política, social, lingüística o atmosférica) parece cernirse sobre la ciudad.

Solo el antiguo barrio del Raval, situado entre el portal de San Antonio y el puente romano, construido alrededor del Hospital de Santa Magdalena, quedó en las afueras de la muralla, a la vez dentro y fuera de la ciudad, como alguien al que no invitas a tu casa, pero al que no quieres perder de vista...

11
LOS OFICIOS

Una vez establecida la villa en su actual emplazamiento, se da forma social al río. La calle Riuot, por donde discurrían los desperdicios, es cerrada con vueltas y se construye la prisión, aparece la industria relacionada con la agricultura y el ganado; una economía de subsistencia que da salida a una incipiente comercialización de excedentes.

Con el tiempo, y mientras se comerciaba con tejidos, alcoholes, jabón, aceite y harina de trigo y cebada, se diversifican y multiplican los oficios: zapateros, sastres, peleteros, blanqueadores y fabricantes de correas, ebanistas, carpinteros, herreros, cereros, boteros, pintores y picapedreros... Una diversidad que deja su huella en la arquitectura rural; molinos de harina, de aceite o de papel; hornos de pan, de tejas, de ladrillos, de baldosas, de vidrio; construcciones vinculadas a la producción de aguardiente y vino. El trabajo de los curtidores de piel, la extracción de sílex para percusores de fusiles y pistolas...

Hacia el XVIII —siglo de la ilustración y de la limpieza, de los viaductos y canalizaciones de las aguas fecales, de los primeros archivos—, los antiguos pozos de hielo fueron pioneros y motores de esta industria, junto a los molinos de trigo y de aceite, gracias a los dos grandes pozos de La Pascuala, copropiedades del arzobispado y del Ayuntamiento de Tarragona, que se aseguraba el suministro. A resguardo del sol, la nieve caída en invierno en las montañas cercanas al litoral era conservada bajo tierra a cero grados, o bien se llevaba el agua de las fuentes a las acequias en balsas de poca altura donde se guardaba congelada.

Además de conservar los alimentos, el hielo servía para cortar hemorragias, bajar la fiebre, combatir las inflamaciones, el dolor de cabeza y las quemaduras... O era imprescindible en las fiestas como refresco de aguardiente o bebida de horchata, para la limonada fresca y los helados.

En el verano, cortado y protegido por paja en sarrias de esparto ligadas con cuerdas, el hielo era transportado desde La Pascuala o desde Poblet durante la noche por recios porteadores en sus mulas... Una próspera «pequeña edad de hielo», que acabará con la subida de las temperaturas a finales del siglo XIX y las primeras máquinas de producción de hielo artificial.

Los muertos extraen de nuestra memoria la fuerza con que sus nombres florecen de nuevo en los archivos que alimentan las crónicas, esa gran red de escrituras y actas notariales, testamentos, usufructos, contratos de arrendamiento, subastas públicas, bodas, bautizos y defunciones, redactadas por notarios y abogados, encargados de registrar la vida de la localidad. Otras profesiones igualmente previsibles: las de médicos y parteras, que traían al mundo a los recién nacidos, y las de sacerdotes y sepultureros, que enterraban a los muertos...

Fue únicamente en el siglo XVIII, al extenderse los campos hasta alcanzar las faldas de las montañas rompiendo los bosques, que se amplió el cultivo de viñedos. Tiempo de progreso, según los historiadores... El consulado del mar... Las mejores casas, las mejores masías de las poblaciones de la Conca, las mejores construcciones de la calle Mayor, algunas ya desaparecidas por la incuria o miopía de la alcaldía de turno, otras sin una simple placa recordando a un Josep Conangla i Fontanilles, exponente del programa político confederal que redactó desde La Habana la Constitución Independentista Nacional mientras en otras partes de Cataluña despertaba el comercio y el progreso técnico...

En toda la ciudad, en el subsuelo de las casas, cerca de la entrada, se construyeron lagares para la fermentación del vino, con un conducto superior para introducirlo y uno inferior para evacuarlo. De ese modo, desde la mitad del siglo hasta el siguiente, se fabrica el vino en la que fue llamada «edad de oro», destilando el aguardiente en grandes cantidades para la exportación, un comercio que aumentaría con la llegada del ferrocarril...

... así el antiguo policultivo, con la tríada mediterránea de cereales, viñas y olivos, que había asegurado la estabilidad, se transforma en un febril y enriquecedor monocultivo vinícola hasta la entrada en la Conca de Barberá de la plaga de la filoxera, que ya había arruinado con anterioridad los campos europeos.

Una sola cepa del grosor de un tronco rodeaba nuestro patio...

... decían que era anterior a la plaga.

***

A comienzos del siglo XX se construyeron las primeras fábricas de pergaminos y de textiles. Y en un antiguo molino de trigo adosado al ábside de Sant Miquel se empezó a hacer goma troquelando las suelas y tacones de planchas cortadas de llantas macizas de camiones importados como desperdicio.

El proceso de vulcanización del caucho derivó en una localización mayor donde se estabilizaba la goma al añadir azufre y óxido de zinc, de la que surgieron, y todavía se fabrican, gomas elásticas, llantas de carretillas, espuma de látex, tubos para el gas de las cocinas, gomaespuma para sostenes, asientos, arandelas, capuchones, correas, discos, enchufes, juntas, medias suelas, patines, pistones, plantillas, ruedas, puños para bicicletas, tapones, topes, tubos, válvulas y anillos de ancla para la agricultura.

Nace una nueva industria paralela de granjas avícolas, mientras que las primeras tiendas ofrecen productos no especializados.

Podemos sentir, respirar casi, la escasez de otro tiempo al leer las cláusulas de penalización cuando faltaba el hielo, la sal o el grano previstos en los contratos.

Pero había una abundancia: un piano por cada diez habitantes.

Seiscientos pianos cuyas notas, de lograr sonar al unísono, podían adquirir en la atmósfera una consistencia casi corpórea que trastornaba la dirección de los rayos solares en sentido descendente a la tierra...

Todos aquellos hombres que se llevaron sus pasos por los viejos bosques contaban que había un árbol más verde, un cielo más claro y que su lengua señalaba las propiedades de los objetos antes del polvo inacabable.

Al otro lado del cristal de sus historias y con pañuelos grises, se despedían sus mujeres.

12

DESPUÉS DE LA BATALLA

En las localidades pequeñas las historias reflotan después de un tiempo de olvido. Así, los carteles del advenimiento de una nueva república colgaron en 2017 de las farolas de la carretera.

Sin embargo, solo los pasos de algunos reptiles apresurados o el persistente empuje del jabalí al hozar la tierra despertarían a los caídos de una todavía no sellada guerra, tanto a los contendientes de ambos bandos como a los desertores y civiles.

En la rehabilitación del cementerio del pueblo de montaña de Rojals, que mira hacia Montblanc, en un espacio destinado a inhumaciones civiles, se exhumaron los esqueletos de dos jóvenes desertores republicanos ejecutados en el pueblo. Sus cráneos, y los restos de tela, herrajes y cuero de sus uniformes, se guardaron en un saco de arpillera detrás del altar de la iglesia antes de ser vueltos a enterrar anónimamente en el recinto sagrado.

Del olvido rescatamos asimismo al desaparecido *mossèn* Pau, el cura profesor, cuyo cuerpo ardió durante tres días en una granja cercana, para no dejar testimonio de su vida.

El comité antifascista requisó las casas de los desafectos a la República. Hubo quemas de imágenes, las cabezas de las figuras del retablo barroco en piedra de Santa María la Mayor fueron decapitadas por martillos o culatas de rifle...

Entonces se nombraron delegados en toda la zona de la Conca para proteger el patrimonio nacional, y en la villa la responsabilidad recayó en el padre del reconocido pintor Balanyà, nombrado hijo predilecto el año de su muerte.

Para sentir menos frío, los brigadistas, agrupados por lenguas, pernoctaban en el antiguo colegio de la Mercè de la villa ducal.

El hambre llegó después, queda el testimonio de las listas de la compra hechas por unidades, las patas y las garras de gallinas como un festín para la sopa.

Requisados asimismo los hornos para hacer pan para la tropa, cada casa tuvo asignado su soldado.

Se llamaba «alas negras» a los aviones enemigos, alemanes e italianos, y al que pasaba descargando sus bombas por la zona «la Pava». A su solo avistamiento, las campanas de trabajo de Santa María y la voz ronca de la sirena de la expropiada fábrica de gomas sonaban avisando de un posible ataque. Los habitantes salían de inmediato del centro urbano y pernoctaban en las masías de las zonas más despobladas de las afueras, a falta de un refugio antiaéreo. En el último año de la guerra solo había mujeres y muchachos, que se encargaban de construir las trincheras en varios puntos de la villa, y viejos tratando de acabar ese prometido refugio antiaéreo, ... y no quedaba familia sin un familiar en el frente...

Entre las navidades de 1938 y enero de 1939 se sucedieron quince bombardeos con resultado de ocho víctimas mortales, ... solo tres de ellas pudieron ser identificadas.

Hay una fotografía: la emotiva despedida de los brigadistas en el albergue Jaume I de la población vecina de L'Espluga. Los dos pequeños pinos recién plantados en los laterales del patio central, espectadores mudos del encuentro, siguen en su puesto y alcanzan hoy más de una veintena de metros.

Historias, historias con nombres propios.

Pero el final de una guerra es propicio a los amoríos. Un joven médico cortejaba a su prima desde Zaragoza, bastó un fin de semana para quedar prendado de la fragilidad de ese bello rostro ovalado y tranquilo, *Bellesguard*, de su generosidad con los necesitados. Aprendían idiomas, catalán él, castellano ella, en un frágil equilibrio, presidido por un baremo de justicia y equidad, que con el tiempo los avatares políticos destrozarían... Apenas comprometidos, la novia se contagió de gripe. Desde Zaragoza el novio se trasladó en un carro de caballos, pero el frío extremo y varios altos en el camino obligados por la nieve le impidieron llegar a tiempo. Al atravesar las puertas de Montblanc, las campanas tocaban a muerto.

Como en toda población amurallada, el conformismo queda dentro y el mundo más allá de las murallas se vuelve fantasmagórico, apenas real, porque todo aquel que no se hace entender cuando habla y comprender cuando actúa es para ella, y para siempre, un extraño, y como a todo extraño, primero se le agasaja y luego se le desaprueba y desacredita. Gentes del interior que rivalizan, que, sin acoger realmente al extranjero, sustituyen las acacias de la plaza Mayor, árboles pacientes y adormecidos, por las duras moreras, pero que también levantan, acaso como forma de expiación, un monasterio en fervor a su patrona, la Virgen de la Serra.

Hace setecientos años, la hija del emperador de Grecia, la princesa Eudoxia de Lascaris, devota de la madre de Dios, portaba la imagen de la Virgen de camino a Zaragoza cuando ante una pequeña ermita los caballos se negaron a seguir el camino, como si la imagen deseara quedarse en el lugar —argumento parecido a las leyendas de otras muchas poblaciones—. La princesa mandó erigir entonces un monasterio de monjas clarisas que alojara a la Virgen de la ermita, junto con la que ella llevaba. El monasterio se alza hoy sobre la población en honor a su patrona. A Zaragoza llegó tan solo un dedo de la figura, que hoy apunta al lugar donde se encuentra la sagrada forma.

Casi acabado el verano, la fiesta mayor se celebra en su nombre, gigantes y cabezudos, águilas, chovas y un dragón, el elemento más feroz del bestiario de la villa, así como muchachos con bastones, que escenifican la defensa de los carreteros contra los ladrones —sus bastones hechos con los rayos, los soportes en arco de las ruedas de los carros— e incluso figuras de demonios bailan y bailan durante días para festejarla.

Fiestas que sufren cambios con el tiempo, se pierden algunas costumbres, otras, en cambio, se vuelven más ampulosas.

Aclimatadas en su convento, las monjas clarisas consiguieron tanta protección y favores que el mismo clero se quejó ante el rey. Lo que no hizo sino aumentar la devoción.

La leyenda creció como lo hace la inocencia sin sobresaltos: se decía que las monjas bajaban luces hasta la cruz de la Serra para curar a los enfermos...

13

MEMORIA DE LOS HABITANTES

Tratamos de prolongar el mayor tiempo posible la tenue frecuencia que emitimos, y vivimos ignorando las fechas. Una fecha objetiva destruye nuestro mundo, en 2060 todo lo que conocemos tú y yo habrá desaparecido.

Sin embargo, hay una perspectiva. En la parte más meridional del Pla de Santa Bárbara, con las ruinas del antiguo castillo sobre el resto del poblado íbero, la inmortalidad parece tocarnos con su dedo, y allí, bajo una acumulación de tejadillos como un sólido compendio de perfiles, líneas y aristas, las superficies de tejas nuevas y viejas se funden en vertientes más o menos empinadas.

Porque las casas se construyeron para mitigar una indefensión, los primeros huecos situados entre cuatro muros con un entablillado de madera aislante y tejas, cuadrados y cuadrados de tejados que se agruparon fijando su residencia contra el cielo.

Y de pronto el inesperado pináculo de la iglesia, la sólida fortificación despunta unificando y dominándolas a todas. Y en torno el griterío de los niños y el piar de algunos pájaros como si nos hablara nuestra única, querida, anhelada naturaleza.

Como un anacronismo sobre el tejado de la casa del párroco, sale de una enorme jaula una pequeña bandada de palomas mensajeras, y esto basta para que sus sombras nos transporten.

Al oeste el monasterio de la comunidad de clarisas mira sobre una ciudad que se rodea de las voces de sus religiosas, consagradas para rezar por las almas de los lugareños. Desde lo alto de la montaña que representa su alta espiritualidad, suplantan a nuestros ángeles guardianes o a los antiguos dioses del hogar.

Cerca del monasterio un pequeño chopo alberga en sus raíces las cenizas de un matrimonio de pintores cuyas vidas semejaron la gran calma del verano en los campos cercanos de una tierra caliente de la que surge una neblina luminosa como de vapor de agua, espejada y clara.

En invierno un hombre medio desnudo se integra en el paisaje; apenas vestido con pantalón corto, gorra, gruesos calcetines y calzado de montaña, cruza con su mochila en los hombros y en bicicleta los caminos rurales.

Un nonagenario subido en un *quad* le sigue por el camino de tierra, paralelo a la autopista, delgado y enjuto pero con el vigoroso saludo de quien mantiene intacta la esperanza.

Comparamos cada anciano con Luis Masdeu, que fue el primero en brindarnos el saludo y hablarnos, y cuya casa alquilamos esa misma tarde; todavía lo recuerdan saliendo al amanecer a peinar los bosques y regresando a mediodía con dos enormes capazos de setas.

... y todavía escuchamos el aullido de los perros que, guardianes de los huertos furtivos y cercanos al caudal del Francolí, la riada de 1994 se llevó corriente abajo.

... y la voz de Juanita, un vacío en la plaza Mayor en el espacio que ocupaba su puesto de olorosos jabones, que ella fabricaba con sosa en el fuego del hogar; otro hueco frente a la casa que su marido Francesc utilizaba para almacenar antigüedades, y todavía otro más en la parcela de tierra de su cuñado, Agustí, cuyo rostro siempre sonriente nos curaba del mal humor o las pesadillas y que, tiempo después de enterrar a su hermano y a su cuñada, con quienes había convivido, fue golpeado por un tren al regresar a casa cargando la cosecha de su huerto.

... o el de Josep Agustí, hijo de Juanita y Francesc, profesor, escultor y tallador, el orgullo de la familia, accidentado en la carretera cuando llegaba tarde a su clase de cerámica, donde un puñado de ávidos alumnos lo esperaba. En el colegio apagaron el horno que usaba para sus lecciones, pero la imponente silueta sigue dominando el patio de la escuela. Josep modelaba el cartón o rescataba de la piedra las sombras impresas en la roca como si fueran almas transmigradas, sus manos pulían los perfiles para luego liberarlos, sus dedos matriciales eran como agua socorriendo a los peces.

Pero ni aun toda la belleza que acumulamos en vida puede librarnos del derrotero de ser como sus gigantes de cartón hueco, alguien y ninguno a la vez.

Asentadas, coexistiendo desde hace décadas con los lugareños, hay familias de emigrantes españoles, más cohesionadas si cabe por su misma extranjería.

La ciudad es una resonancia.

A medida que las calles oscurecen, grupos de vecinos se sientan a conversar en las noches veraniegas, una mujer se santigua al salir de casa, las puertas se entornan, antes de la cena María del Carmen y Salvador, desde su balcón, le cuentan a Delfina, que escucha tres balcones más abajo, algún acontecimiento del día, costumbres que desaparecen, cosas así, abandonadas, referidas a la pregunta «¿Y antes de esto?».

***

Como alabardas en el camino los cardos nos escoltan a nuestro destino, sus colores brillan en Sant Francesc como pilares de sufrimiento, motivos de su más comprometido pintor residente, Gerard Negelspach, mientras sus sombras se agigantan antes de fundirse con la noche.

Y los muertos forman una doselera en nuestra memoria y, como los cardos, una tupida corona de espinas...

14

EL CEMENTERIO

Trasladado desde el centro de la villa a las afueras, en un principio adyacente a Santa María la Mayor y más tarde ubicado detrás de la iglesia de Sant Miquel, el último cementerio emplazado al norte abre su portalón de hierro al largo pasillo de tierra del mapa de los muertos.

Preside desde el fondo el panteón de la familia Monfar, donante de las tierras. A los lados del acceso, bancos de piedra con verdín en el asiento sombreados por hileras de cipreses plantados en cruz. Tras ellos, los nichos cubren por completo las paredes rectangulares de los cuatro muros.

Un arriate, los nombres que desaparecen, el silencio, el recogimiento, las estaciones que se suceden, ese profundo estrato de la calma donde la falta de cambio proporciona seguridad.

Llegamos al cementerio con el alma cansada y con la mirada perdida nos extraviamos en el pasado, luego, volviendo la vista hacia los nichos adornados de flores artificiales, de pequeños recuerdos o de fotografías, adivinamos los gestos, las despedidas y el olvido...

En el suelo, como un petrificado bosque, cruces de muertos sin descendencia que el viento tumbó y nadie volvió a erguir. Las fuertes lluvias de abril oxidan las de hierro, verdean las de piedra y deshacen el mortero de la amalgama de cemento y piedras de río con las que las demás han sido hechas y en las que una misma mano, todavía inhábil, inclinó a derecha o izquierda el aspa transversal como un signo destacadamente artístico.

En los rostros de las fotografías no hay asombro. Todas las instantáneas se hicieron en un momento de esplendor, inclusive las de los ancianos. En cada rostro la certeza de un bienestar: el de quien siente su vida por un momento —el instante de la toma— protagonista de su entorno.

En los nichos orientados al oeste, el persistente rayo de un sol tardío borró los rasgos de las fotografías de una Raimunda o de un Albert hermanándolos con sus espíritus. Ahora los marcos vacíos recuerdan la palidez de un fresco cuyos colores no pueden reconstituirse.

Como olas alrededor se instalan las familias Requesens, Capdevila, Portas, Jovani, Folch, Montala, Torrelles, Sanahuja; Carmen Armada se unió al cuerpo momificado de su marido, el recolector de setas, y todavía lo increpa en noches de luna llena; Josep París, que nos vendió la *casa pairal* de su familia, como un padre remiso accede a la petición de mano de su hija ante el tenaz pretendiente que, seguro de su triunfo, lo convence con su discurso y obtiene de él el deseado manojo de llaves.

Les siguen los Contijoch, los Ollé, Panadés, Güell, Andreu, Gomis, apellidos que destellan en el cielo estrellado de Montblanc; Pilar Fibla, a la que le llegó la noche en apenas un tañer de campana, espera todavía una explicación en la sombra;

Agustí, Feliu, Comas, Solans, las hermanas Carmelitas, los Vedruna, Ferrer, Pocarull, Mascaró; Mari Baeza, mujer de Fernando —el hombre de mayor cultura, a quien todos querían tener de tertuliano, y a su vez hijo de Ricardo, cuya biblioteca permanece intacta en una de las casas de la calle Mayor—, enfrenta con curiosidad su nueva condición, y Salvador Solé, cuya existencia fue un reposo para los suyos, yace tranquilo junto a los nombres de sus padres; los Carreras, los Queralt, los Josa, el inmenso cuadrado en la del pintor Matíes Palau Ferré, el solitario nombre de Ousman, sin más registro de su existencia, tanto a un lado como a otro del mar que atravesó para morir en Montblanc, ... su nombre apenas esbozado con brea en una de las losas...

Los muertos agrupados en un mismo círculo del que los vivos hemos sido expulsados.

Los muertos que nos hablan.

Los muertos que se sobreviven.

Rostros que aparecen más bellos en nuestro recuerdo porque podemos escoger el gesto, el ademán con el que retomarlos, e incluso creamos una altiva forma solo con la sonoridad de un nombre, como el sol inventa con su luz cristales en el agua...

Y, como Penélope, tejemos de noche un telar de sombras con las remembranzas que deshilamos a lo largo del día, porque en los planos imposibles de los sueños no hay perspectiva del final como en las escaleras de los cuadros de Escher.

El fosero ha acabado su trabajo y recoge ya su pala.

No muy lejos, sobre la cama de un hogar, el pijama limpio con olor a lavanda del que no regresará.

... y junto a él la belleza de quien espera con su amor no clausurado.

15

EL FULGOR DE LA PALABRA

No solo el cuerpo engendra, también la palabra.

Cantar es descender, adentrarse en lo más incierto y desconocido en busca de aquello que complementa la pérdida.

La falta de cimientos de las construcciones antiguas, su aparente escasez, oculta una promesa. En los arcos de medio punto medievales descansan las casas, las bases sobre las que asentar permanencias más largas que la de una vida.

Al llegar desconocíamos que los lugares ocultan sus pérdidas. Y que el idioma invisible de las manos sobre otro cuerpo dice más ahora, la prueba de que el tiempo de todos se entrelaza, y el recorrido que trazamos pesa.

Nuestra sangre es memoria. Hoy nos aflige que los recuerdos se desvanezcan, pero un día el olvido se llevará también el regalo de esta carencia.

Rompemos el espejo de las palabras que se dijeron, pero luego, desde el azogue resquebrajado, inventamos nuevas fórmulas, como la película que hicimos y que contó con un espléndido reparto de entregados actores debutantes.

No pretendíamos sino un reflejo primigenio, retener, ante todo, una palabra entera que como una luz reconquistara lo roto por partes, escamoteando al tiempo fragmentos, luces unidas a vigilias como palabras a instantes para que nada pudiera desaparecer del todo, ni siquiera el diálogo con los muertos, y entonces, al otro lado del espejo, el reflejo sentiría nostalgia de su ser primero y nos mostraría nuestros propios ojos nombrando la tierra.

Porque si recordamos para quedarnos y creamos cuando empezamos a olvidar, escribimos como una forma de fijar lo que no podemos detener.

«También nosotros empezamos en este espacio», nos decimos mientras avanzamos entre los sueños de los durmientes que de casa en casa se llaman cómplices, como las montañas se reconocen en los pliegues de otras montañas a lo lejos.

Mucho después seguimos en este lugar redefinidos, como cuando al injertar nuevos brotes a las cepas se las hizo más resistentes a la devastadora filoxera.

¿Pero, ante todo, qué hemos salvado?

Unas pocas palabras, algunas imágenes como una segunda alma que nos habla familiarmente, y a veces el fulgor de lo que se dijo.

Alzados los ojos a los que fuimos al llegar y a lo que esperábamos y, ¿por qué no?, a los que somos ahora, nuestra segunda naturaleza se vuelve un liquen, un musgo verdoso o agrisado, espeso y suave que resguarda un frágil mundo dentro de sí.

Porque somos lo que estamos pensando, podríamos haber nacido para ser menos, algo que se arrastra, algo que subyace bajo el sol, la pluma caída de un alón, algo partido y dejado en la arena, un fragmento de cobre encajado en una cadena más larga, una distancia inconmensurable...

**

El camino se abre paso en la noche como una zarpa de topo y avanzamos a tientas, solo con nuestro olfato, llevando las palabras hasta los ojos, como brazos, como aliento, preguntándonos si ahora somos realmente un poco más sabios.

Pero también se puede aprender contra un cuerpo recién creado. Una cabeza que brota de una vaina gime, se estira, crece y por primera vez vuelve el rostro hacia lo alto. Abre sus ojos y, como una oración muy antigua, nos descubre...

16

EL FULGOR DE LA IMAGEN.

LAS HISTORIAS QUE CASI FUERON

El sueño de una película prendió en tu mente, que a su vez encendió la mente del alcalde, que a su vez prometió más de lo que al final cumpliría o podría hacer...

Durante días paseamos buscando localizaciones, dejamos atrás el puente viejo, pasando bajo el olvidado acueducto que rodea la villa por el este, donde todavía se oye ulular a la única lechuza antes de salir a la caza de su cena, y luego subimos por la vereda hasta Sant Josep por donde peregrinan los turistas estivales. Recorrimos los caminos tejiendo la historia del hombre antiguo que peleó en la guerra de Cuba, conoció allí la barbarie de comer lo prohibido y se revivió en otra barbarie, la de la Guerra Civil.

A esa extraña criatura lo bautizamos el Mambís y lo pusimos a caminar con un saco al hombro por las sierras de la Vall y de Rojals, cerca del paraje donde unos fanáticos asesinaron al cura profesor de Montblanc, un entorno medio salvaje, poblado de cuevas y barrancos, en el que el Mambís vivía solitario en una cabaña.

Es el huraño, el renegado, el que no cree en Dios, el maldito.

Una mañana, tras los disparos de los soldados franquistas cerca de las colinas, el viejo encuentra en las afueras del pueblo, junto a las ruinas humeantes, un bebé hambriento al que pone a salvo y alimenta, mientras, fugitiva en la noche, su madre soltera transita ya la ruta del exilio hacia la frontera francesa.

Pero los maldicientes de siempre construyen la leyenda de un viejo renegado y enemistado con Dios que impidió que el bebé llegara a su destino al encontrarlo apetitoso y acabar por devorarlo.

Sesenta años después, ¿quién es entonces ese hombre de ojos azules, hijo de un extranjero, que vive solitario en una casa del pueblo? Nadie conoce a sus padres, nadie sabe a ciencia cierta por qué son azules sus ojos, nadie puede saber por qué no es un buen catalán...

Escribiste su historia en el guion de la primera película nonata de Montblanc, una película que vivió durante meses en los actores naturales que la ensayaban: Ana, la bella protagonista, Antonia, su tía, Paquita, la abuela, y todos los demás...

Escribiste el largo guion de una serie cuando no lograbas reunir dinero ni para el episodio piloto.

Miramos de nuevo las tierras de cultivo ofreciéndose al atardecer, abandonando la luz, una tierra de brezos en la que creer, que simboliza la buena suerte, la protección y la pureza, y así, sin rendirnos, filmamos una historia más breve, la de un niño que hace de eslabón entre el mundo de la vida donde está su padre y el de la muerte adonde ha llegado a su pesar su madre tras un accidente, y que se niega a reconocer que también él murió, tan solo para no separarse de ellos, ... como haría cualquier niño que amara a sus progenitores.

Siguiendo los pasos del primero que se atrevió a rodar como *amateur,* nosotros quisimos hacerlo profesionalmente, filmando un mediometraje en archivos y cámaras de cine... Lo que titulamos *El viaje* no es una historia al uso, sino a contrapelo, *à rebours*: que ni la demagogia de la política ni el oportunismo de lo políticamente correcto justifican...

... es solo la historia de un niño muerto, desamparado y solo, y del padre desconsolado que no alcanza a ver que su hijo sigue todavía a su lado...

17

LA LLUVIA O LO QUE NO HA DE VOLVER

El ulular del viento disminuye y miramos al firmamento tachonado de estrellas sin nubes. Pero a medida que la noche avanza, se cubre de oscuros nubarrones como la memoria es reino de fosos. Y nosotros intentamos conducir las pequeñas pupilas de tres párpados de las lechuzas al lugar más seguro de la página que las interpreta de nuevo, donde su grito esquiva el tiempo, rasgando el campo con nueva y renovada fuerza.

El resto no es murmullo sino rotura, no es ensalmo sino grito, no es diluvio sino abismo que se abre paso, al principio lentamente, y que luego alza la voz y dice: «Empieza, empieza» y «Bebe, bebe», y nos entrega la estampa que escogimos, de la que ahora formamos parte y a la que llamamos hogar cuando todo lo demás se perdió.

«Es fascinante», dices cuando el hosco viento que ya no transporta las nubes amaina repentinamente y deja, por una vez, a la lluvia precipitarse como la sueñan los lugareños, su urgencia amplificando el mundo, imprevista y generosa sobre las sedientas ramas de hojas perennes; y sobre las cepas de merlot y los cultivos ecológicos la tierra aprende a saciarse, las gotas golpean los tejados, resuenan en los galpones, rezuman en los aleros mientras el agua se filtra por las grietas de los muros de separación de las casas, por las fisuras de las hendidas paredes medianeras, por las grietas de los hombres y mujeres que duermen, cuyas percepciones del sonido de la tormenta acabarán incluyendo a la trama de su ensoñación.

Con la lluvia cada durmiente se adentra en su tenso sueño, y su goteo cubre la resonancia monótona de las campanadas de las horas que incluso los insomnes se acostumbran a oír.

Nunca son del todo los mismos los que despiertan, algo en su noche los atrapa, los menoscaba o los fortalece, cambiándolos imperceptiblemente mientras la lluvia resbala por la gárgola al pie de la elevada torre de Sant Miquel y, después de golpear con fuerza, repiquetea con menor intensidad hasta que sobre las piedras de la plaza se vuelve más lenta, pero no lo suficientemente triste, no lo suficientemente melancólica.

> Pero mira cómo rebosa todavía
> mira cómo rebosa
> enjuaga la tierra

... en un jardín un libro abandonado sobre una mesa de mármol poco a poco se desintegra...

... azules ropas de cama cuelgan empapadas de un alambre, sus bordes con encajes de algodón, el ajuar de una novia...

... las escamas de escarcha matutina también se funden, se tornan en agua que limpia las calles, en luz que funde tu ojo en el mío y nos une en la misma visión de un tiempo siempre en suspenso.

Porque hemos vivido sin saberlo como en una tormenta detenida hasta este relámpago convertido al fin en aguacero que al arreciar nos revela el contorno de lo que se ha roto.

Prométeme que nuestras voces humearán en el fondo del cieno que la lluvia abre en la tierra, buscando en la mezcla de agua y arcilla los futuros ladrillos de abobe, pues la lluvia regenera y nosotros dejamos de llorar para reconstruir.

Su cadencia revela la madriguera del tiempo, porque todo lo que espera vivir lo hace con solo darle un nombre.

***

Pero los pasos se vuelven más lentos en este lodazal, como un cerco de barro en torno a la villa ducal o como un rencor de raza que no desiste.

Amigo mío, padecemos del olvido con el que se premia al vencido, al extranjero, al que no está en consonancia con el grupo, y por ello no descansaremos aquí, no nos dará esta tierra un nombre definitivo; la nueva lluvia no será ni tan fértil ni tan generosa, y después de tantos años el ansia y la angustia nos indican que hay que partir de nuevo, en busca de la puerta de otro cielo más generoso donde girar la llave y pasar.

Pronto la luz de la luna dejará de embalsamar la tierra. Hay landas en otro lugar ofreciéndose al atardecer, una tierra abierta de setos y palmeras... y un mar.

Todavía la prometedora agua primaveral cae sobre la ciudad y nuestro mínimo jardín, otros no lo tienen, aunque la vida que encerrábamos al llegar era otra cosa, creía en la jerarquía de un minarete y no en una llaneza apaciguada.

Y ahora eso es todo lo que tienes, te dices, todo lo que te has llevado, la promesa que buscaste y que dejamos atrás, un trozo de cielo que acaba resultando más cercano cuando se abandona, mientras el alma se va con la elegía...

... la vida que dejas no es la misma que tu vida, ahora lo sabemos.

***

Pero mira a los que amanecen en los días inflexibles de una ciudad amurallada y que acaban apoyando en la separación sus corazones...

... ángeles de piedra que están solos, ángeles que se mueven mejor por su atlas cuando la nieve cae en su mundo silencioso.

Recuerda lo que te dije al principio: quien despierta sabe que el ojo nunca es inocente.

Y porque la memoria siempre intercede
mira otra vez ese río, mira esas calles, esa luz...

... pasamos las horas junto al río, contándole todo.
Así cuando ya no estemos aquí, y hasta nuestros espíritus
estén sobrecargados de piedras,
el río recordará.
ANNE MICHAELS

BIBLIOGRAFÍA

.-Aluja Masalles, Laura, «Ús i ocupació de les torres de la muralla de Montblanc. Paper i evolució urbanística al llarg de la història», *Podall*, n.º 4, Centre d'Estudis de la Conca de Barberà, Montblanc, 2015.

.-Arnabat Mata, Ramón, «Els bombardeigs franquistes a l´Alt Camp i la Conca de Barberà (1938-1939)», *Podall*, n.º 8, Centre d'Estudis de la Conca de Barberà, Montblanc, 2019.

.-Balanyá i Bosch, Ismael, *Llibre verd de Montblanc, 1936-1937,* Centre d'Estudis de la Conca de Barberà, setmanari «El Pati», Montblanc, 1992.

.-Balanyà i Pooch, Jordi, Porta i Balanyà, Josep M. ª y Porta i Balanyà, Ismael, *Ismael Balanyà,* Museu Arxiu de Montblanc, Montblanc, 2006.

.-Baucells i Reig, Josep, «Eudòxia Lascaris, princesa grega i fundadora del Monestir de Santa Maria de la Serra (Montblanc)», *Biografia de la fundadora i altres treballs històrics del Monestir de la Mare de Déu de la Serra de Montblanc,* Monestir de Santa María de la Serra de Monges de Santa Clara, Montblanc, 1996.

.-Blavi Altisent, Antònia, «El soldat montblanquí Josep Blavi Martí a la guerra d´independència cubana (1895-1898)», *Podall*, n.ºˢ 6-7, Centre d'Estudis de la Conca de Barberà, Montblanc, 2017-2018.

.-Bonastre i Bertran, Francesc, *Primera crónica,* Museu Arxiu de Montblanc i Comarca, 2012.

.-Bravo, Julio, *Maria Bellesguard,* Fundació Martí l'Humá, Montblanc, 2002.

.-Cano Gaviria, Ricardo, «Presentación» en Carreras Vives, Josep M. ª y Lentini, Rosa, *Negelspach antológica, catáleg sobre Gerard Negelspach amb motiu de la triple exposició antològica a Montblanc del 27 de mayo al 26 de juny de 2011,* Museu Comarcal de la Conca de Barberà i Fundació Martí l'Humà Tot Conca, Montblanc, 2011.

.-Cano Gaviria, Ricardo (dir.), *El viaje*, mediometraje basado en una idea original de Rosa Lentini, 2018.

.-Carreras i Casanovas, Antoni, *Museus de l'Espluga de Francolí*, Patronat Municipal de la Cova Museu de la Font Major de l'Espluga de Francolí, l'Espluga de Francolí, 2003.

.-Carreras Vives, Josep M. ª, «Una incursió a la presència jueva a la Conca de Barberà i altres aspectes del mòn hebraic a Catalunya», *Podall*, n.º 5, Centre d'Estudis de la Conca de Barberà, Montblanc, 2016.

.-Carreras Vives, Josep Mª y Lentini, Rosa, *Negelspach antológica, catáleg sobre Gerard Negelspach amb motiu de la triple exposició antològica a Montblanc del 27 de mayo al 26 de juny de 2011,* Museu Comarcal de la Conca de Barberà i Fundació Martí l'Humà Tot Conca, Montblanc, 2011.

.-Contijoch Miquel, Eduard, *El convent*, Editorial Círculo Rojo, El Ejido (Almería), 2015.

.-Felip Sánchez, Jaume y Sánchez Real, Josep, *La portada de l'església de Santa Maria de Montblanc,* separata de la Reial Acadèmia Catalana de Belles Arts de Sant Jordi, Barcelona, 1989.

.-Felip Sánchez, Jaume, «Notes històriques referents a la muralla de Montblanc», *Podall*, n.º 4, Centre d'Estudis de la Conca de Barberà, Montblanc, 2015.

.-Felip Sánchez, Jaume, «El Call jueu de Montblanc (ss. XIII-XV)», *Podall*, n.º 5, Centre d'Estudis de la Conca de Barberà, Montblanc, 2016.

.-Ferrer i Trill, Xavier, «Aproximació al pensament polític de Josep Conangla i Fontanilles», *Podall*, n.º 1, Museu-Arxiu de Montblanc i Comarques, Montblanc, 2011.

.-Grau i Pujol, Josep M. ª, «Els pous de gel de la Pascuala de Montblanc (segle XVIII)», *El foradot*, n.º 61, Montblanc, julio-agosto de 2010.

.-Grau i Pujol, Josep Mª, *La indústria tradicional de Montblanc i la Conca en el segle XVIII*, edición del autor, Montblanc, 1989.

.-Jàvega i Bulló, Josep Pau, «Elionor d'Urgell: de princesa a ermitana de Sant Joan de Montblanc. Entre la història i la llegenda», *Aplec de Treball*, n.º 30, Montblanc, 2012.

.-Leroi-Gourhan, André, *Arte y grafismo en la Europa prehistórica*, Istmo, 1984.

.-Mayayo Artal, Andreu, *La Conca de Barberà (1890-1936): de la crisi agrària a la Guerra Civil*, Centre d'Estudis de la Conca de Barberà, Montblanc, 1986.

.-Palau i Dulcet, Antoni, *Guia de Montblanch*, Impremta Romana, Barcelona, 1931.

.-Pallisé Clofent, Joan, *Els camins de l'aigua: fonts naturals i aigües al terme de Montblanc*, Cossetània Edicions, Valls, 2006. (Con doscientas treinta fuentes registradas).

.-Paris i Bou, *Història de la Serra*, Santuari de la Serra, Montblanc, 1981.

.-Picón i Manyosa, Adam, «El pou de gel de la Granja Mitjana (Vimbodí): seguiment arqueològic, restauració, posada en valor i la seva contextualització», *Podall*, n.º 2, Museu-Arxiu de Montblanc i Comarques, Montblanc, 2012.

.-Poblet i Guarro, Josep M. ª, *Aquell Montblanc*, Biblioteca Selecta, n.º 485, Barcelona, 1975.

.-Porta i Balanyá, Josep M. ª, *Montblanc*, colección La Creu de Terme, n.º 30, Cossetània Edicions, Valls, 2000.

.-Porta i Balanyá, Josep M. ª, «L'expansió del conreu de la vinya a la Conca de Barberà als segles XVIII i XIX», *Podall*, n.º 4, Centre d'Estudis de la Conca de Barberà, Montblanc, 2015.

.-Recasens i Llort, Josep, «La Segona República a la Conca de Barberà i els partits polítics (1931-1936)», *Podall*, n.º 8, Centre d'Estudis de la Conca de Barberà, Montblanc, 2019.

.-Requesens, Ramón, conversatorio con Ricardo Cano Gaviria en Montblanc en 2014, grabación inédita.

.-Requesens, Helena, *Petita guia de Montblanc per a infants*, edición de la autora, Montblanc, 2013.

.-Rufà, Anna, Blasco, Ruth, Rosell, Jordi, Vaquero, Manuel y Alonso, Susana, «La importància del conill *(Oryctolagus cuniculus)* en la dieta humana dels últims caçadors- recol.lectors al sud de Catalunya», *Podall*, n.ᵒˢ 6 y 7, Centre d'Estudis de la Conca de Barberà, Montblanc, 2017-2018.

.-Salcedo Miliani, Antonio, *Matíes Palau Ferré i el seu paradís*, Diputació de Tarragona y Viena Edicions, Tarragona, 2011.

.-Solé Maseras, Maties, «Present i futur de Montblanc i els seus monuments (1968)», *Podall*, n.º 5, Centre d'Estudis de la Conca de Barberà, Montblanc, 2016.

.-Viñas Vallverdú, Ramón, *Montblanc, muntanyes de Prades*, Guies del Museu d'Arqueologia de Catalunya, Generalitat de Catalunya, Departament de Cultura, diciembre de 2005.

.-Viñas Vallverdú, Ramón, Vericat, Agustí y Mor, Jaume, «Els centres d'interpretació de l'art rupestre de Catalunya (CIAR). Divulgar el patrimoni mundial», *Podall*, n.º 2, Museu-Arxiu de Montblanc i Comarques, Montblanc, 2012.

AGRADECIMIENTOS

A Carmen y Joan Miquel Sanfeliu, cuyos libros en edición privada me ayudaron en la composición de los pasajes sobre los oficios.

A Alberto Hernando, quien en vida generosamente me ofreció, cuando le mostré mi texto incompleto, el esbozo de los dos únicos capítulos que tenía por entonces de su manuscrito inacabado y todavía inédito sobre Rojals, que me sirvieron para completar el capítulo sobre la Guerra Civil.

Al Museu de la Vila Rural de l'Espluga de Francolí, cuya visita me permitió coronar los capítulos sobre la flora y fauna y los oficios de la Conca de Barberà.

A Ricardo siempre, instigador de nuestra llegada y vida en Montblanc, sin quien este proyecto hubiera quedado más que menoscabado de no haber participado en él.

ÍNDICE